AF563525

ÉLOGE
FUNÈBRE
DE MIRABEAU,

Prononcé à Piney le 15 Juillet 1791;

PAR ABRAHAM LAFFERTEY,

Administrateur du Département de l'Aube.

A TROYES,
De l'Imprimerie de SAINTON, Imprimeur du Département de l'Aube.

M. DCC. XCI.

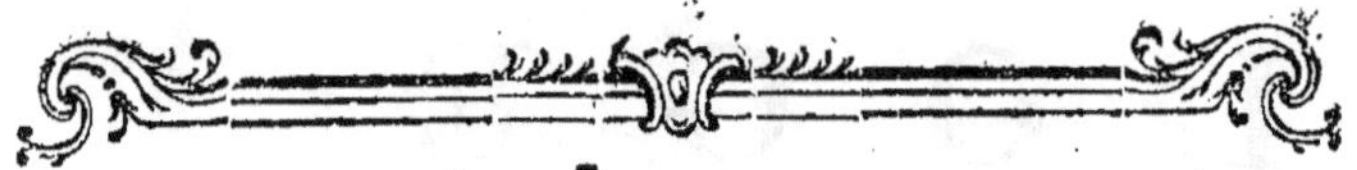

ÉLOGE FUNÈBRE DE MIRABEAU,

Prononcé à Piney, le 15 Juillet 1791.

Mes chers Concitoyens,

Il est de ces hommes rares que la Providence forme en secret, et qu'elle tient comme en réserve dans ses trésors, pour en faire la ressource des États dans les conjonctures désespérées. Tel fut Mirabeau, ce grand homme dont nous pleurons la perte : j'ose élever dans ce sanctuaire auguste une foible et timide voix, pour honorer sa mémoire; je viens répandre des fleurs sur sa tombe, et offrir à ses mânes le tribut de notre reconnoissance, l'hommage de nos soupirs et de nos regrets.

Si l'univers n'est qu'une grande roue dont l'Être-Suprême se joue comme il lui plaît; si la rotation en est plus ou moins rapide selon sa volonté; si la mort impitoyable a le droit de moissonner indistinctement ses victimes sous l'humble chaumière du pauvre et sous les lambris des Rois; pourquoi donc ne sacrifie-t-elle pas de préférence ces tyrans de la terre, qui étalent un orgueil qui feroit croire aux peuples simples et ignorans par leur nature, qu'ils ont l'assurance d'une éternelle stabilité? pourquoi n'immole-t-elle pas dans sa colère ces scélérats heureux qui inondent l'univers du sang des nations, et ne font de ce monde qu'un théâtre de désolation et d'horreur, sur lequel ils foulent les droits et les devoirs les plus sacrés de l'humanité? par quelle fatalité, enfin, la Parque inexorable nous ravit-elle ces hommes sublimes, ces sages législateurs, les Titus, les Trajan, les Marc-Aurele, les Lhôpital, les Mirabeau, que l'excellent usage qu'ils firent de leur génie approcha, en quelque sorte, de la divinité, pour ne laisser en leur place que des Domitien et des Néron? Mais au milieu des murmures de ma foible raison, une voix sacrée s'élève et se fait entendre :

elle me dit d'adorer en silence les impénétrables secrets de cet ordre immuable, qui, dans sa sagesse profonde, dirige le cours des événemens et fixe la destinée des humains.

Mirabeau, cet homme célèbre, né pour la régénération et le bonheur de la France, possédoit dans un degré éminent toutes les vertus civiles et politiques. Il avoit dans l'ame ces qualités nobles et fortes, qui opèrent les grandes choses et produisent les grandes actions. Il étoit doué d'un esprit supérieur, d'un jugement exquis, d'une pénétration qui tenoit du prodige. Infini dans les expédiens, il avoit ce coup-d'œil heureux, vaste et décisif, qui embrasse tous les objets sans les confondre, cette éloquence à-la-fois nerveuse, rapide et brûlante, qui décidoit toujours la volonté générale par la persuasion, ce pouvoir de tous le plus efficace, le plus légitime et le plus flatteur. Il éprouva comme tous les grands hommes les foiblesses de l'humanité; mais les taches de son caractère ne peuvent couvrir le mérite rare qui le placera toujours au premier rang parmi les hommes d'Etat, les Philosophes et les Législateurs.

Cette licence qu'on reproche à sa jeunesse venoit moins d'un fond dépravé, que d'un caractère ardent, qui n'étant point encore fixé à des objets utiles, se livra quelquefois à la fougue des passions; mais à travers de ses écarts, on apperçut toujours les principes de la sagesse, il se montra par-tout l'ami des hommes, l'ennemi juré des tyrans, et ne cessa d'écraser des foudres de son éloquence l'aristocratie des Grands et des Ministres; ses propos libres et hardis lui attirèrent à la fin leur animadversion, il y succomba, et perdit sa liberté. Victime du pouvoir arbitraire, et prisonnier dans le donjon de Vincennes, ce fut dans cette solitude que cet illustre opprimé devint ce qu'il devoit être; ce fut-là que travaillé depuis long-tems par une activité inquiète, par ces tourmens du génie, par ce vuide d'une ame que rien ne remplissoit encore, il trouva enfin autour d'elle ce qui devoit la fixer; ce fut enfin dans ces sombres retraites que le tems fut à lui, le sage à lui-même, et qu'il acquit toute l'énergie de l'indépendance. Il s'y mûrit pour la liberté, il y médita profondément sur les abus sans nombre qui minoient depuis si long-tems notre corps politique, et prépara à l'avance les grands principes de cette législation, qui devoit être le palladium des droits sacrés et imprescriptibles de la Nation françoise.

Rendu enfin à la liberté, arrive cette époque à jamais mémorable de la convocation des États-généraux, qu'on regarda comme l'un de ces remèdes puissans qui devoit ranimer la vieillesse de la France, et la soutenir sur le penchant de la caducité. Mirabeau, honoré de la confiance de ses concitoyens, est appelé à cette Assemblée auguste. Du premier coup-d'œil de son génie, il mesure les dimensions de ce colosse antique et immense, ébranlé de toutes parts, étayé d'une multitude de soutiens, qui, pliant eux-mêmes, menacent de s'écrouler avec la masse entière de la Monarchie. Grand nombre de ses coopérateurs, partisans zélés de l'ancien régime et de l'aristocratie, accoutumés de puiser à cet inépuisable dépôt d'abus qui les enrichissoient, en faisant gémir la France, veulent conserver ce vieil édifice, en le fortifiant de quelques frêles appuis; mais Mirabeau tout brûlant d'amour pour sa patrie, et en architecte habile, qui a sondé toutes les profondeurs du mal, veut une démolition entière, et demande une reconstruction nouvelle. Les États-généraux sont long-tems divisés d'opinions, ils se réunissent enfin, et s'impriment sous le titre d'Assemblée nationale, un caractère plus imposant et plus auguste. C'est alors que l'ame de Mirabeau s'étend et devient immense, que ses idées planent sur la France, pour en saisir les rapports et en embrasser l'étendue, et qu'il ramasse tout ce qui peut servir d'aliment à son génie. Aidé de ces hommes sages et fermes que l'amour du bien public a ralliés autour de lui dans l'Assemblée nationale, il prend la hache et le niveau, et malgré les cris impuissans de l'aristocratie, du fanatisme et de la superstition, il frappe avec intrépidité, et renverse jusques dans ses fondemens cet édifice monstrueux d'abus funestes qui pesoient sur la France depuis douze siècles; il fonde ensuite d'une main hardie et courageuse notre nouvelle Constitution politique, et la rend inébranlable, en l'établissant et la fixant sur la base éternelle des loix.

O mes concitoyens, que la mémoire de Mirabeau doit nous être chère et précieuse! C'est particulièrement à ses lumières, à ses travaux, à cette autorité puissante ou plutôt invincible qu'il s'étoit acquise dans l'Assemblée nationale, que nous devons le recouvrement de ces magnifiques droits dont nous jouissons. Pendant tout le tems qu'il travailla à notre Constitution, chaque jour de sa vie fut pour nous un bienfait. Comparons l'état d'avilissement dont il nous a tirés, à l'état de bonheur et de liberté dans lequel nous vivons. On daignoit à peine nous regarder comme des hommes; nous étions tyrannisés par les Ministres, les Intendans et les Nobles, qui partageoient avec les Rois l'orgueil de la domination, et les profits de notre oppression. Nous gémissions sous le poids d'une multitude de redevances absurdes, ridicules ou inhumaines; au dix-huitième siècle des hommes partageoient avec des brutes la servitude de la glebe, et mouroient sous le joug. Tous les individus du peuple n'éprouvoient pas ce sort affreux, mais tous en étoient plus ou moins atteints. Le terme odieux de *vilain*, ce titre infâme imaginé sans doute pour nous dégrader de la dignité de notre être, et qu'on nous prodiguoit depuis plusieurs siècles avec tant d'insolence, étoit devenu dans la bouche de nos ennemis, dans leurs chartes et dans le code de la tyrannie féodale, le signe caractéristique et familier de notre opprobre et de notre esclavage. Aujourd'hui la noblesse héréditaire et la féodalité sont anéanties, la responsabilité des Ministres établie, les droits de l'homme fixés, et les principes de l'égalité consacrés : nos intérêts n'étoient ménagés et conduits qu'aux lumières sépulcrales des traitans ; cette classe de fermiers-généraux qui s'étoit formée de la corruption du gouvernement, n'existe plus : la justice étoit mutilée, avilie, et la multitude de ses suppôts regardée comme une engeance qui dévoroit l'État ; à présent la chicane, ce monstre à cent têtes, qui a pour père la fraude, et pour mère l'injustice, est obligée de se cacher dans les ténèbres ; la masse des impôts ne pesoit que sur la classe la plus indigente ; une imposition juste, générale et proportionnelle, a été décrétée : on pendoit pour des crimes de création fiscale ; mais ces loix odieuses que Néron lui-même auroit eu honte de promulguer, sont abolies : on voyoit avec effroi ces retraites ténébreuses où tant d'infortunés vivoient continuellement suspendus entre le désespoir et la mort ;

ces hideux repaires, les Bastilles sont démolies, et les loix sont gravées à la porte des prisons et des cachots : enfin, la religion même que nous professons étoit tombée dans un relâchement scandaleux ; elle est rappelée à la pureté de la primitive église : nous avons secoué le joug de la superstition, ses prestiges n'armeront plus les nations contre les nations, les querelles de religion ne feront plus couler le sang humain, la douceur sera la prédication la plus efficace, et les François, quoique de différentes religions, loin de se proscrire réciproquement, se donneront la main et le cœur, sans prétendre s'assujettir la façon de penser sur le culte dû à la divinité. La discipline respectable des élections a été rétablie dans l'église, dans nos armées et dans tous les ordres de l'État; le religion, la justice, l'administration, les arts de la paix et de la guerre, qui n'étoient gouvernés que par la naissance, ne le seront plus que par les vertus, la science, le mérite, les lumières et les talens : et le Peuple françois qui s'est donné des Législateurs, des Pasteurs, des Administrateurs, des Juges et des défenseurs dignes de sa confiance, chérira avec transport dans les uns et dans les autres, les amis de sa délivrance et de sa liberté.

Telles sont, mes chers concitoyens, les jouissances inestimables que nous avons retirées de la révolution. Elles sont, pour la plus grande partie, les fruits de la sagesse et des travaux de Mirabeau. Nous avions perdu nos titres, il les a recouvrés et nous les a rendus. Le salut du Peuple françois fut pour lui la suprême loi. Il ne pensa, il ne respira, il ne vécut que pour le Peuple. Il se consola de mourir, puisqu'il avoit la douce satisfaction d'expirer au milieu de ce Peuple qui lui fut si cher, et dont il fut adoré. Sur le point de rendre son ame sublime, entendant retentir dans sa maison les cris de ce Peuple bon et reconnoissant, qui faisoit des vœux pour sa conservation, il s'écria : *Après avoir vécu pour le Peuple, il m'est doux de mourir au milieu de lui.* Précieuses paroles qu'on ne peut prononcer sans attendrissement! Elles furent les dernières expressions de sa tendresse pour nous, elles passèrent de sa bouche mourante dans le cœur de tous les François, ils les ont recueillies comme une flamme divine qui échauffera et nourrira à jamais les sentimens de leur amour et de leur reconnoissance pour ce grand homme. O Mirabeau ! reçois les hommages de notre profonde vénération : tu fus notre père ; car tu nous comblas de bienfaits, tu brisas nos chaînes, et tu nous rendis la liberté ; nous respecterons, nous bénirons toujours ta mémoire ; nous accoutumerons nos enfans, dès l'âge le plus tendre, à prononcer ton nom chéri ; nous leur dirons : Mirabeau a délivré vos pères de l'esclavage, il a rompu les honteux liens qui enlaçoient votre berceau, célébrez les vertus de ce grand homme, et apprenez à votre tour à l'honorer aussi dignement qu'il le mérite. Ainsi ton nom passera d'âge en âge, et sera consacré jusqu'à notre dernière postérité. O Mirabeau, sois notre génie tutélaire, veille sur la France ; ton ombre suffit encore pour épouvanter et déconcerter nos ennemis. Pénétrés d'un respect religieux, nous irons dans ce temple auguste où la reconnoissance de la Nation t'a décerné le titre de grand homme que tu as si justement mérité ; nous nous approcherons de ton tombeau, nous l'arroserons de nos larmes, nous le couronnerons de fleurs, nous chanterons sur ta cendre des hymnes et des cantiques funèbres; puis après un tendre et douloureux recueillement, nous dirons: Ci-gît Mirabeau, le Législateur de la France, notre père, notre bienfaiteur, notre ami; ô regrets! ô douleur profonde! ...... François! la mort vous l'a ravi à la fleur de ses ans...... c'en est fait de lui pour le tems, mais il vit dans l'immortalité.

www.ingramcontent.com/pod-product-compliance
Lightning Source LLC
LaVergne TN
LVHW010345230826
846091LV00009B/4046

* 9 7 8 2 0 1 9 9 8 3 2 4 6 *